Par Pierre Ayrault, dont les "Plaidoyers et arrests, opuscules et divers traictez" (1615) reprennent "Considération".

CONSIDERATION SVR LES TROVBLES, ET LE iuste moyen de les appaiser:

Aux Villes de Paris, Rouen, Tholoze, Orleans, Lyon, & autres.

M. D. XCI.

CONSIDERATION SVR *les troubles, & le iuste moyen de les appaiser: Aux villes de Paris, Rouen, Tholoze, Orleans, Lyon, & autres.*

NOVS auõs trop experimẽté combiẽ la Loy de Solon estoit iuste ou necessaire, qu'en guerre ciuille nul ne feust neutre, mais que chacun print l'vn ou l'autre party.

Sa raison estoit, à fin que les deux factions fussent remplies d'hõmes, lesquels auec le temps rendissent leur costé capable de recõciliation & de paix.

Le neutre n'euſt eſté en ſeureté, ne aggreable.

Nous l'auons donc par trop experimenté. Car iuſques icy les premiers accez de noſtre fiebure ont eſté ſi vehemens, ſi frenetiques, qu'il n'y a eu lieu de parler que de guerre, que de tuer, que d'empriſonner, que de rançõner, & de piller.

Qui nous euſt parlé d'amendemẽt, c'eſt à dire de reconciliation & d'amitié, celuy là nous euſt eſté plus que Huguenot, ou plus que Turc.

Mais maintenant qu'il ſemble que nous commençons à crier, & ſentir le mal, que nous commençons à diſtinguer entre nous ceux qui n'ont eu but en ces troubles q̃ d'y faire leur main: ceux qui n'y ont procedé qu'en furie: & au contraire, ceux qui y ont apporté quelque iugemẽt & pur zele à la religion qu'ils tenoient.

Qui plus eſt, maintenant que noz forces ſe diminuent aucunement, & qu'il y a grand peur que nous ne pouuions plus porter ny le tremblement, ny l'ardeur : peur que nous nous perdions, & auec nous ce ſainct ioyau que nous deſirións tant garder : Seriez vous encores ſourds volontaires pour n'eſcouter ce qui vous peut ſeruir, & conſeruer mieux noſtre religion que la voye que nous auons tenuë : Et nous ſi peu amateurs de vous & d'elle, ſi timides, & ſi obſtinez muets, que de ne vous dire frachemẽt où eſt noſtre mal, & le remede qui y peut eſtre?

Mal-heureux ſoit le Citoyẽ qui diſſimulle plus : le François, poltron & baſtard qui ne reprend ſa generoſité pour ſa patrie : le Chreſtien & Catholicque pluſ-qu'infidele, qui oublie la charité que nous nous deuons ſelon Dieu.

Prenez le donc cõme il vous plaira. Que la medecine vous semble douce ou amere. Ie tends à vostre guerison, & tends à la conseruation de nostre Eglise, autant, peut estre, ou mieux que vous.

Pendant la vie du defunct Roy i'ay aussi peu desiré que autre qui soit, que celuy d'à presẽt vint à l'Estat. mais les choses estãt comme elles sont, & qu'il a pleu à Dieu ainsi les disposer : deliberons sus ce qui est, non sus ce qui a esté, ou qui sera. L'vn est frustratoire, l'autre incertain.

Si nous auons failly, corrigeõs nostre faute plus tost que plus tard. Si no' auons bien faict, & que neantmoins les affaires ne nous succedent si heuresement, ou si promptement qu'il nous sembloit : accõmodons nous à ce qui est le moins doubteux & moins dãgereux. Il y a encores lieu de sauuer la religion & l'Estat.

Pour y paruenir, il faut (Messieurs) descouurir nostre apostume. Il faut franchement & ouuertement sçauoir qui nous a meu de nous esmouuoir. pour qui & contre qui nous le faisons. Si c'est à la verité pour la religion Catholicque : ou si ce n'est qu'vn pretexte, & vne planche dressee pour cõduire à l'Estat ceux qui y aspirent contre les loix.

Pour le faire court: puisque ce n'est qu'aux Villes à q ce discours est adressé : consequẽment plus à l'Eglise & au tiers Estat, qu'au Second : Ie confesse (si les maximes de Machiauel sont Chrestiennes) quelque occasion que nous ayons eu de nous remuer, iuste ou iniuste, bonne ou mauuaise, que si nous en pouuiõs rapporter ceste gloire, que de mettre la Couronne en l'Eglise, ou entre noz Capitouls & Escheuins : il y auroit peut estre apparēce de continuer en noz follies & imaginations, Que si Rome a chassé les Roys, nous l'auons peu & deu faire semblablement.

Mais si cela est mesme trop ridicule à penser, & que ce soit en ce faisant pour autruy que nous trauaillons, & que nous nous precipitons iusques à tout perdre : voyons à qui c'est que nous voullons gratifier aux despēs de tant de vies & de ruines.

Ou c'est à Dieu, ou à des hommes. Si à Dieu: c'est l'accuser d'impuissance, & le degrader de sa qualité & maiesté, que d'entreprēdre de l'establir par noz mains. C'est impieté de penser qu'il se reclame à nous pour le defendre. Il opere par miracles. & pour iustifier sa grandeur, il se sert plustost des os d'vne beste morte, q̄ de lances ny de harnois.

La

La plus grande faute qui fut remarquee en Dauid, & pour laquelle luy & son peuple furent puniz si griefuemẽt, fut qu'il auoit faict conter & enroller ses subiects : comme si ses ennemis le deussẽt plus craindre pour ses Legiõs, que pour le Dieu qui l'auoit esleu.

Quant à Iesus-Christ : a il manqué de puissance depuis nos iours? S'est-il contẽté d'auoir estably son Eglise par douceur, patience & obeïssance : & establie qu'elle a esté, veut que ce soit nous qui la conseruions, non pas luy? Que où il defendoit la force pour l'insinüer, il la permette pour la garder?

Il a bien dict qu'il n'estoit pas venu mettre la paix, ains le glaiue. mais il a assez de fois declaré qu'il entẽdoit que ce glaiue seroit contre les siens, non pas pour eux.

Tout le remede qu'il a donné à son Eglise, si on la persecutoit (comme il a predict qu'on feroit, & qu'il est quelque fois necessaire qu'il luy arriue) c'est de fuïr, ou d'endurer.

Et à fin que les Roys & Empereurs qui luy seroyent contraires, n'eussent occasion de seuir legitimement contre elle, il luy a commandé de leur obeyr, & prier pour eux.

Quand (disoit le Pape Pie, second) la Religion Chrestienne n'eust point esté confirmee & verifiee par miracles; il la failloit receuoir pour sa seulle modestie, honnesteté & douceur.

Ie vous pry, cōmēt l'habillōs-nous maintenant? A la soldade. nous la rendons, en tant qu'à nous est, ridicule & suspecte.

Nous l'employons à dorer nos passions & ambitions: à loüer & iustifier tout ce que nous resuons & imaginōs. L'vn veut que son arrogāce s'eternise & authorise auec elle: l'autre, condemne tout le paſſé, & ſoubs ſa reformatiõ, s'inſinüe.

Si c'eſt pour la Religion, meurtres ſont ſacrifices: volleries, ſont offrãdes: ſacrileges, ſont dedicaces: perduelliõ, c'eſt triõphe. Brief, tout ce qui eſtoit contre nature & bonnes mœurs, ſi c'eſt pour la Religion, c'eſt ſainctete.

Que diroyẽt auiourd'huy les Gentils, que noſtre Religiõ ſoit ſi contraire à ce qu'elle diſoit & faiſoit de leur temps? Que, ſont peut eſtre, ſes biens que nous voulons pluſtoſt defẽdre, q̃ ſes traditions & enſeignemens.

Ie ne parleray point à ceux qui ſe preualent de ces deſordres, & auſquels la confuſion & polution eſt vtile. Rien ne leur fera cõgnoiſtre leur faute, que leur ruine. Mais nous, pauures Achiues dont les Roytelets font les fols, n'auons-nous point de peur, bien que la Religion ne puiſſe mais de ces opprobres, que la voulans conseruer ainsi, nous la perdons?

Si pour auoir abusé d'vne bõne loy, d'vne ceremonie bonne & loüable, on n'a pas estimé punir le crime suffisamment, ne assez exemplairemẽt, si la loy mesmes n'estoit fonduë: si la maison, si la ville, voire le Temple où on l'a commis, n'estoit razé & mis par terre: que peut-il arriuer de la Religion que nous prostituons si indignemẽt? n'estoit ce pas la menace que Dieu le Pere faisoit aux Israëlites: & Iesus-Christ aux Pharisees?

Nous sçauons bien en nos consciences que la Religion que nous alleguõs & mettons en mire, nous commande d'obeyr à nos Princes quels qu'ils soyẽt. Il n'y a que trois iours que Mõsieur Vigor le preschoit ainsi: Que quand Dieu auroit tant fortuné nostre France que de nous donner des Roys qui fussent heretiques, qu'il faudroit neantmoins leur obeïr, & combatre pour eux, pour la police. Son Sermon du iour & feste de Sainct Martin, faict le lendemain de la bataille de Sainct Denys, & que deux autres Docteurs de la Sorbonne ont faict imprimer en vostre ville, le porte ainsi.

Nous sçauons que ce College de Theologiens, anciennement si venerable, a condẽné ceste propositiõ, Qu'õ pouuoit dispenser les subiects du serment qu'ils debuoient aux Roys, s'ils venoyent à estre hereticques. Et que le mesmes Vigor, au Sermon de l'Ascention dict que c'est vne des heresies de Caluin: & en vertu de laquelle les Huguenots prindrent les armes.

Que nostre maistre Christi, Docteur en ladicte Faculté, & Theologal de Nantes, a escrit au deuant desdicts Sermons, qu'vne des marques de la vraye Eglise, est, qu'estãt conduicte par le Sainct Esprit, elle n'apprend point à ses enfans a coniurer contre leur Prince, à prendre les armes contre luy, à troubler le repos public, à desobeyr à ses Superieurs tant en la spiritualité qu'en la temporalité: n'apprend point à piller les biens d'autruy, & par Escriture mal entenduë soustenir telles mechancetez.

Nous sçauõs que la Liberté de l'Eglise Galicane s'appelle ainsi, par ce qu'elle a tousiours exempté son Prince, & s'est affranchie elle mesmes de la superiorité qu'y vouloiẽt pretẽdre les Papes.

Nous sçauõs que le stille de la Court de Parlement est plain de Bulles, d'Edicts & Arrests, qui portent que les Papes ne peuuent interdire le Roy, ny le Royaume: ne le peuuent excommunier, non pas mesmes le moindre de ses

Officiers, par ce qu'ils n'ont point de territoire en la France, & que ceste Couronne ne releua iamais d'eux: Au cõtraire nos Roys les ont creez & destituez quelques fois.

Et toutesfois nous mandions aujourd'huy des decrets & responses cõtraires: & disons que c'est la mesme Eglise qui faict cela. Nous en ioüons à la pelotte: & comme les petits enfãs font dire aux cloches tout ce qu'ils veulent: ainsi en faisons-nous à nos Prescheurs. Tantost ils nous commãdent de prier pour nos Roys, tantost non: maintenant de leur obeïr, maintenant de les proscrire.

Si nostre cause est bonne, pourquoy la traictons-nous mal? N'est-ce pas vn precepte de l'Apostre, qu'il ne faut iamais mal faire à fin qu'il en viẽne bien? Ce sont consideratiõs politiques, non Catholicques.

Ne pippons donc plus le monde. Disons grossement & rondement que c'est pour l'Estat que nous voulons secoüer le ioug. nõ pour Dieu, ou pour ses Anges: mais pour vn, ou pour deux ou trois qui ont bon appetit & enuie de l'estre.

A la verité le premier Manifeste que nous publiasmes, ne parloit pres ne loing de la Religion. Nous mettions en auant le bien public. mais quand la mort de feu Monsieur fut suruenuẽ, nous prismes la Religiõ aux cheueux, aux oreilles, & au menton.

Reste donc à veoir qui est celuy que nous-nous combattons tant pour faire Roy. Ou il y en a encores qui y ont du droict, ou toute la race en est faillie.

S'il y en a, comme nous l'auons preiugé. Car en recõgnoissant feu monsieur le Cardinal de Bourbõ pour Roy, nous auõs iugé & recõgnu que la Couronne

ronne estoit de la maison de Vallois, tombee en la maison de Bourbon. Or il y en a encores six ou sept de cest estoc & sion de Sainct Loys : il s'ensuit donc que la Courōne appartiēt à l'vn d'eux.

Les posterieurs l'accordent au premier : les puisnez à leur aisné : qui est donc receuable à en faire guerre?

Il faut priuer celuy-là, & apres luy tous les puisnez, auparauant que penser d'vn autre. De les priuer, ie ne sçay pas comment. car nostre Clementine est trop descriee.

Que nous sommes fols, de disputer d'vne chose qui ne nous appartiēt aucunement ! & de laquelle outre cela, nous ne sommes ne arbitres, ny iuges!

Ce Seigneur Cardinal decedé, nous ne voyons homme viuant qui ambie ceste Couronne à drap ouuert: qui die, Elle m'appartient : Donnez la moy. car la loy qui les en deboute, est si puissante de soy, qu'on a honte de dire le mot : & cependant nous l'empeschons à celuy seul qui l'a de droict.

Or ie veux qu'il n'y ait plus de Prince fondé à l'estre. ie veux qu'il nous appartienne d'en disposer : ie veux que la loy Salique (qui a conserué cest Estat iusqu'icy) ne soit plus considerable en la France : ie vueil qu'il soit plus vtile, plus paisible, & plus durable (ce qui est faux, dit Ammian Marcellin) d'auoir des Roys electifs, qu'hereditaires. Cestuy-cy ne l'estant point, nommons, ie vous prie, celuy que nous voulons introduire en son lieu.

C'est bien la raison qu'au prealable nous informiõs tous de sa vie & mœurs : ou (puis que nous voulons mettre vn *Visa* sur les prouisions que Dieu fait) il est raisonnable que nous examiniõs diligemment, s'il sera plus sainct, plus religieux, plus Catholicque que le defunct:plus consciétieux, plus prudent, plus veritable, plus debonnaire que cestuy que nous ne voulons pas auouër. Car de prouësse, magnanimité & vaillance, il faut confesser que hors & dedans le Royaume nul n'en approche.

Non : I'ay grand peur que parmy tant de chapelets & croix doubles, il n'y ait plus d'Atheisme, plus de Iudaisme, d'hypocrisie & d'impieté, qu'en la simplicité & nayueté de ce Prince, qui dit ingenuement & à l'ancienne Françoise : Si i'ay quelque opinion fautiue, on m'y a instruit dés le berceau. Laissez mon peuple en repoz (à tout le moins pour vn temps) I'offre, pendant iceluy, receuoir instruction. Et neantmoins en tous cas ie iure & proteste dés maintenant, de ne rien alterer en la Religion Catholicque, ny au Royaume.

Ce ne sont pas là termes d'vn heretique, c'est desia estre bien Catholicque,

que de parler si auantageusement pour nostre Eglise.

Quoy donques? S'il y a quelque cas auquel la rebellion soit moins iniuste, ne deuions-nous pas escouter & attendre s'il contreuiendroit à sa parole?

Serions-nous lors moins sur noz pieds, de nous saisir & prendre nous-mesmes, que nous auons esté au commencement premier qu'il eust rien fait ny innoué en nostre Eglise?

Nous ne le pouuons pas accuser de ce qu'il a fait auparauāt qu'il fust Roy. il n'a fait que se defendre. Et d'autre costé, iamais Roy (tesmoin Loys douziesme) ne se soucia de querelle qu'il eust euë estant priué.

Si nous sommes sages, laissons ces contentions d'Estat à ceux qui y veulent toucher par bien-seance, par reuersion, par conqueste, ou autrement.

Qu'auōs-nous que faire qu'ils s'accommodẽt à noz deſpens? Ils s'appuyẽt du Clergé: & il n'a bien, reuenu, ny Egliſe, qu'ils ne deſtruiſent eux-meſmes.

Ils ſe font fort des villes. & il ne s'en faut plus gueres qu'elles n'en perdent le nom & la ſubſtãce. Nous les voyons tantoſt deſertes, ſans iuſtice, ſans communauté, ſans cõmerce. Toute noſtre ieuneſſe ſe perd, faute d'inſtitutiõ, faute d'eſcolles. Aux champs, le labourage eſt perdu : & les Paroiſſes s'en vont ſans Curé & ſans Paſteur.

Toy Paris, peux-tu plus diſſimuler ton malheur? où eſt chez toy ce domicile des Rois? ce Parlemẽt, que tant de Princes, tãt de Seigñrs, tant de poſtulãs preſſoyent & adoroyẽt tous les iours? Où eſt ceſt Hoſtel de ville, qui nourriſſoit & allaictoit tãt de peuple? Ceſte Vniuerſité, qui a autresfois cõbatu de parité & authorité cõtre les Papes? Ceſte Foire ppetuelle & cõtinüe de ruë en ruë?

Tu n'es maintenant bonne (n'y à ton exemple toute la France) qu'aux mauuais payeurs, & aux volleurs.

Ne disons point, que nous aimeriõs mieux perdre toutes autres marques de grande ville, que nostre Eglise. Car qui nous l'oste ? Y a-il villes plus heureuses que celles qui n'ont prins party que de leur Roy ? Fait-on exercice à Tours, à Challons, à Bordeaux, à Rennes, à Angers, & en tant d'autres villes, d'autre Religion que de la Catholicque, Apostolicque & Romaine ?

Nous craignons qu'on nous l'oste, ou qu'on nous face comme en Angleterre. Vrayement nous-nous causons ceste peur. Si nous sommes en danger de la perdre, c'est nous qui nous attirons ce danger. Mais outre l'indiscretion du Pape, d'auoir excõmunié l'Anglois, pour vne faute qu'il valoit mieux dissimuler, que la chastier si aigremẽt:

ce qui a perdu l'Angleterre pour quelque temps (car il ne faut pas esperer que ce soit pour tousiours) ç'a esté d'y auoir enuoyé des Espagnols Iesuites, qui y ont mis le feu, qui y ont fait esleuer les subiects. Si la Religion Catholicque n'y eust prins les armes, elle y seroit comme autresfois.

Graces à Dieu, il y a lieu entre nous de ne tomber pas en ceste extremité, si nous voulons. Nous auons rendu nostre rebellion remissible, n'ayant pas receu l'Espagnol en noz villes.

Secondement, nous auons les bons Catholicques (car il faut à nostre hôte les appeller ainsi) lesquels estãs demeurez en l'obeïssance du Roy, ont merité en leur endroict qu'il conserue leur religion & la nostre. Ils ne manqueront point de l'en supplier & importuner. Mais puis qu'ils n'ont point failly, ce sera proprement à nous de supplier : &

à eux, d'estre mediateurs & intercesseurs.

Tiercement, nous auons (qui plus est) sa promesse, sa declaration, son Edict.

Quoy encores? Le naturel d'vn Roy plus misericordieux, que nous rebelles. Que dy-ie, d'vn Roy? Ie dy d'vn pere qui nous tend les braz tous les iours. La seule peur qu'il a en l'ame, est de nous ruiner & de nous perdre.

Ne vaut-il donc point mieux leuer celle que nous nous donnõs nous mesmes? nous ietter à ses pieds? Prendre pour intercesseurs tant de Princes, tãt d'Officiers de la Courõne, tant de Seigneurs Catholicques qui s'exposent pour luy? Ne vaut il point mieux poser les armes, & luy enuoyer ambassades de tous costez, & luy dire que no' le recongnoissons pour nostre Roy, & le supplions de nous pardonner?

C'est

C'est le seul moyen de gaigner vn Prince vaillant, genereux, & auguste. non pas de le penser faire Catholicque par force.

Voulons nous auoir cest aduantage sus luy, s'il plaisoit à Dieu qu'il se fist Catholicque au parauãt que de noˢ estre soubsmis à luy, que de nous pouuoir vanter qu'il ne l'eust faict sans noz rebellions & seditions?

C'est à nous à plier, non pas à luy. Ou si nous le voulons forcer, que ce soit nous ralliãs auec tous ses bons subiects: Que ce soit en priant tous Dieu vnanimement pour luy: Que ce soit en luy gaignant le cœur par toutes les submissions & obeïssãces qu'il est possible de rendre à Prince, qui ne commande rien contre Dieu.

Il ne nous mettra point de garnisõs en noz Villes. Il n'y mettra point de Gouuerneurs ny Officiers qui ne soiẽt

Catholicques. Ne sont-ce pas là (s'il en faut demander) cautiõs suffisantes? Tout le changement que nous verrõs arriuer en noz Villes, sera d'y sentir la liberté & commodité dõt nous iouïssions cy deuant.

Nous desirons de luy des cautions, & nous ne disons point celles que nous luy baillerons de luy obeïr s'il se faict Catholicque. Il n'y en a point que de commencer à obeïr.

Nous nous defions de luy, par ce qu'il n'est pas Catholicque: Et luy de nous, par ce que nous le sommes d'vne impression nouuelle.

Il vaut mieux leuer toutes ces defiances: & pour vne solution generalle à noz maux, considerer, ce Roy osté, si nous serions mieux.

Considerer, que pour restablir toutes bonnes choses, & empescher l'establissement des mauuaises, la Paix est vne meilleure loy fondamentale, que les guerres ciuiles.

Cõsiderer, si nous ne voulons tousiours y estre, qu'il faut de bonne heure donner loisir à nostre Prince de pẽser à sa conscience & à sa maison.

Considerer qu'en tout euenement il y a eu des Euesques, voire des Empereurs Arriens : & que toutes-fois l'Eglise n'a pas esté perduẽ pour cela. qu'à la fin elle en a gagné. Mais ce n'a pas esté par armes. C'a esté par bõne vie, par patience, & obeïssance. Il vaudroit mieux auoir du mal iniustement, que par faute, soit que nous en vueillions croire Iesus Christ, ou Platon.

Il s'en faut beaucoup, Dieu mercy, que la religion qu'on reprend en nostre Roy, soit si estrange. Ostez quelques poincts qui deburoient plustost estre traictez en l'escholle, qu'en noz parroisses : Il est aisé par vn bon Concille nationnal, ou par vne conferẽce de gens doctes & de bonne vie, purgeant les abuz, apaiser tout.

Ce pẽdant, c'est tres-mal faict à no' de nous animer si fort les vns contre les autres soubs ce mot d'hereticque. S'il est odieux (cõme il est) il ne s'ensuit pas neantmoins que toutes heresies soient esgalement odieuses. Il y en a de plus, il y en a de moins.

L'hereticque est toutes-fois Chrestien. Il est nostre frere, nostre voisin, nostre prochain. Ce qu'il y a de plus mauuais en luy pour l'exemple: c'est la separation & le schisme. Supplions tous le Roy de l'oster. Quant aux Huguenots, ie sçay qu'il y en a peu qui ne le desirent autant que nous.

Tenons au demeurant pour indubitable, quelque chose qu'on nous die faussemẽt au cõtraire: Quand il ne plairoit à Dieu appeller si tost le Roy à noſtre Egliſe, qu'il vaut mieux, & eſt plus iuſte & plus Catholicque, d'obeïr à vn Roy naturel & legitime, fuſt-il hereticque cent fois: qu'à vn vſurpateur & Tyran Catholicque.

Sainct Ambroiſe en fiſt ainſi. Il obeït à Valentinien, & abandonna Maximus.

Le Roy naturel cheriſt & embraſſe tous ſes ſubiects, ſon aſſeurance, c'eſt la raiſon. Au lieu que l'vrſupateur & nouueau venu, eſt touſiours defiant. Il ſe crainct de ceux qui luy ont faict teſte: & ſe doubte de ceux qui ſçait en ſa conſcience l'auoir ſeruy & ſuiuy iniuſtement: que s'ils ont eu la puiſſance de l'eſtablir, ils l'auroient bien de le chaſſer. Conſequemment ſoubs luy, ce ne ſont que Citadelles, que garniſons, que ſupplices, que confiſcatiõs & proſcriptions.

Quant au vray Prince, ſi nous vouſons rengaiſner le couteau, comme Dieu le commanda à ſes Apoſtres, vn ſeul Edict qu'il feroit, ſans chaſſer ne depoſſeder perſõne, peut rabiller toutes les confuſions paſſees.

Qu'il remette les Loix Annalles. Cela ſeul venant à remplir toutes les places de perſonnes dignes, conſeruera mieux la religion & l'Eſtat, que tous les Cõcilles, que tous les Collocques, Parlemens & armees quõ ſçauroit faire ne mettre ſus. Ces mots de Huguenot & de Ligue (mots de diuiſiõ & de guerre) ſe perdroyẽt & euanouiroyẽt auſſi toſt.

Au contraire, continuõs noz guerres. quand tout ſera ruiné, pillé & proſtitué, nous ferons volontiers de belles fondations pour recommencer le Diuin ſeruice.

Souuenons-nous de ce que Strabo dit brauement : En la Colchique le temple de Leucothea n'eſt plus hanté, on n'y ſacrifie plus : car Pharnacés & Mithridatés ont pillé & ruiné tout le pays par deux fois. La Religion à changé d'air. Pourquoy cela? Car ce que dit Euripide eſt treſcertain,

En vn pays perdu, la pieté n'eſt ſtable:
Et d'y eſtre ſeruiz aux Dieux n'eſt aggreable.

FIN.

www.ingramcontent.com/pod-product-compliance
Ingram Content Group UK Ltd.
Pitfield, Milton Keynes, MK11 3LW, UK
UKHW020516230726
13925UKWH00005B/2174

9 782019 216573